ALGUNAS RAZONES TIENEN TU NOMBRE

Andrés Sepúlveda García.
(Andrés Se. Ga.)

Cordial abrazo,

Al abrir las páginas de este libro, te invitas a un viaje por las palabras e ideas que han sido cuidadosamente tejidas para ti. Cada frase, cada capítulo, es el resultado de incontables horas de dedicación y pasión. Por ello, te pedimos amablemente que honres el compromiso y la creatividad que el autor ha vertido en esta obra.

Este libro está protegido bajo el Real Decreto Legislativo 1/1996, de 12 de abril, que aprueba el texto refundido de la Ley de Propiedad Intelectual. Esto significa que la reproducción, copia o distribución de su contenido, ya sea parcial o total, y por cualquier medio mecánico o electrónico, está reservada exclusivamente para aquellos que poseen los derechos legales para hacerlo.

Compartir la belleza de este libro con amigos y familia es maravilloso, pero te pedimos que lo hagas respetando estas leyes que apoyan y salvaguardan el arte y la literatura. Tu comprensión y cooperación son esenciales para que la chispa de la creatividad continúe ardiendo brillantemente para todos los autores y lectores.

Con gratitud y aprecio, Andrés Sepúlveda García.

© 2022, Andrés Sepúlveda García. (Andrés Se. Ga.)
© 2024, Andrés Sepúlveda García. (Maquetación y Diseño de portada.)
Primera edición: abril de 2024.
ISBN: 9798332968921
Sello: Independently published.
Impresión y encuadernación: Amazon KDP.

¡Bienvenid@!
Gracias por confiar en nosotros y compartir este momento tan especial de lectura. Sabemos que cada lectura es única, un ritual personal que merece el ambiente perfecto. Es por eso que queremos acompañarte en este viaje, ayudándote a crear un espacio de calma y armonía.
Te invitamos a explorar nuestro canal de música relajante, diseñado específicamente para mejorar tu experiencia de lectura. Nuestra selección musical está pensada para propiciar concentración y relajación, permitiéndote sumergirte aún más en cada palabra, cada historia.
Escanea el siguiente código QR y disfruta de una atmósfera sonora que hará de cada lectura un momento aún más especial.y crear tu ambiente de armonia y tranquilidad.

"A quien lo lee, lo sueña y lo vive; a quien ama y también tiene miedo."

"Antes de sentarme a escribir y entender la hecatombe de las palabras, tenía múltiples razones sin explicación, ardiendo, con más de una guerra en el interior que invadía la necesidad de explicártelo de alguna manera: insinuar, comenzar, estar, continuar y, propiamente, visualizar en el amor las memorias."

UNO: me encanta todo de ti.

Sumergirme en las memorias y palpitar, en el espejo, ventanas y a oscuras desde el insomnio... la veo pasar, sonreír, hablar del tiempo, bailar y también dormir.

ES PERFECTA

Mis sentidos se esclavizaron en su ombligo; fui y seré preso de su boca, que siempre es como la nieve: repentina y enamoradora. Me cautiva cada una de sus plegarias después de apagar las luces. Veo su cuerpo en el amanecer y me condena a perseguir sus senos; es perfecta, como la llama de los incendios: me quema y me purifica.

Es mi eterno guardarropa en pleno invierno.

IRRESISTIBLE

Su hechizo imperó de tal manera que ningún sentido escapó al encanto de sus ojos.

Ninguno de mis poros se resistió a sus labios.

Ante la imposibilidad de evadir esa sensación de sentirme tan cerca, no tuve más alternativa que sucumbir al anhelo de morir por amarla y vivir siempre entregado a su...

TU BOCA

Tu boca es ese alivio··· permanece en la memoria. Los días grises pasan al besarte, al sentirte cerca, al renovar el deseo de saber que tus labios están para sanarme.

NATURALMENTE

Así pienso en ti... mirando al cielo, suspirando por cada queja de las ranas, en un lugar despejado, a solas, apartado de las luces inmóviles de los coches y de los faros en las calles.

Ilusionado, esperando la luna y el nacimiento del sol. Así... pienso en ti, naturalmente.

SU SONRISA

Su sonrisa gobernaba en todos los ritmos.

Después de sentir sus labios, en todos los silencios se prolongaron sus carcajadas, omitiendo los minutos en los que la guerra solo fue una excusa para el amor.

ENTREGADO A TI

En una palabra, se desveló nuestro secreto.

Nuestro miedo al fracaso causó un abrazo que nunca fue cauto ante las lenguas que intentaron acabar con el sentido de vivir enteramente entregado a ti.

AL RECORDARTE

Cabe recordarlo siempre... tu mirada clara y ardiente, ese sentimiento dentro de ti que me hacía llorar, mientras las canciones más románticas retumbaban en las puertas y los pasillos por donde estuvo tu sonrisa.

Así vivimos, rodeados de recuerdos que se van liando entre las estrellas y la luna, entre cigarros y lágrimas que se condenan una a una, cuando la noche casi se termina y las razones no fundamentan ningún impulso al recordarte.

INCONDICIONAL

Siempre soy así... una víctima resucitada de tu sonrisa.

Pierdo el norte; predominas en mis sentidos y te desnudas ante cualquier duda.

Probablemente, cuando salgo del caos, cuando todo parece perderse, respiras junto a mí, y el frío llega. No me abandonas, tan solo me amas de todas las maneras, tan incondicional como el aire para el invierno, como el polen para la primavera.

QUERERTE

Entonces comencé a quererte, a perderme en tus labios, a sentirte y, sobre todo, sin importar los perjuicios, comencé a respirarte.

Soy parte de tus labios, alma, fe y tu todo... siempre he sido tuyo.

SALVADORA

De la nada aparecieron las estrellas. Estabas a mi lado y agradecí a Dios por esa oportunidad de sobrevivir al fracaso, de no rendirme ante las torturas que seducen al suicidio. Casi al final del holocausto de los poetas, en medio de una guerra de pasiones que desgreñaba las musas, di gracias a Dios porque ninguna bendición fue más maravillosa que la de encontrarte así··· tan de repente, tan inesperadamente, tan única y salvadora.

SOÑARTE

Entonces, al despertar, la miré. Todo desde ese instante en mi vida comenzó a ser distinto; todos los matices tomaron un único color, el de sus ojos.

Siempre, antes de soñar, la miraba deseando que el sueño fuese despertar con ella para continuar haciéndolo.

Tan bella, ella estaba recostada a mi lado, como las burbujas en las cascadas y las montañas en los horizontes.

PIEL

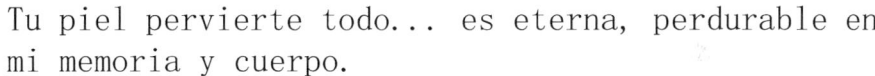

Tu piel pervierte todo... es eterna, perdurable en mi memoria y cuerpo.

Eres eterna en mis labios; estás viva en mi propio sentido de vivir. Eres mi piel, cuerpo y vida.

Eres...

¡HOLA!

En aquel instante, todos mis orificios hicieron un pacto con el silencio. Lentamente, me acerqué al vacío que me quemaba las entrañas, y después de un breve y conmovedor "hola", tu sonrisa congeló todas las llamas del infierno.

UN BESO

Un beso... sentirlo y esperarlo, gritarlo y guardarlo. Posiblemente radica en aquello que jamás dudaríamos en repetir: un paso con mucha dificultad y una puerta que abre las verdaderas sensaciones del amor.

Un beso probablemente explica lo interesante y temeroso que es aferrarse a alguien; ser parte de un pasado, presente, futuro y eminentemente del interior de su alma, de todo lo que podemos o dejemos de ser.

REBELDIAS

Las rebeldías de mi cuerpo dependen de tus labios, de los aromas y sabores de tu piel, de tu encanto en el acto de seducir la mañana, de tu prisa contagiada de mi sonrisa e incluso del minuto en el que me das la espalda.

MUJER

Era tan natural, tan escasamente vista, que ningún sentido —tacto, olfato, etc.— respondía ante tales ojos que dominaban la existencia de cualquiera que la mirara.

Ella dominaba indefinidamente, hasta el más limitado impulso.

Su corazón le pertenecía.

Era la única mujer que causó la caída de todas sus teorías de belleza.

Ahí, sin reparar el tiempo, sin decir una sola palabra, escaso de piel y con el terrible temor de que se alejara, la miraba hipnotizado, como las luciérnagas que observan la muerte por amor a la luz.

SUPERFICIE

De repente, todas las superficies de tu piel me causaban completo equilibrio; una manera tan sublime de amarte, de estar siempre ahí con las mismas ganas, desde el comienzo hasta el principio del fin, al borde de cualquier otra manera de ser eterno.

SUS OJOS

Sus ojos...

Dioses de un mar donde navegan mis sentidos, seductores diamantes de mi cuerpo nocturno y pleno despertar; claros y profundos, ascensores que conducen a la mayúscula exageración de besarla a todas horas...

Son sus ojos una armonía que va iluminando las ideas, que va proclamando el morbo como dueño del amor, como un fino despertar donde la luna parece que jamás se va, esmeraldas y perlas perdidas en un océano repleto de dominio, sin omitir jamás la encantadora existencia de un sonido proveniente de su respirar al sostener, indudablemente, la sonrisa picaresca que somete mi alegría a las ataduras de su cuerpo.

TUS CARTAS

Nunca lo dudé, querer que te quedaras, que fueras mi luz, que siempre y por completa agonía respiraras junto a mis amaneceres; mi demencia es una certeza porque solo es necesario que estés aquí, en esta locura a la que llamo tiempo, en todo esto que habita en mi corazón y que la vida lleva de manera coherente y salvaje: su ansiedad, retoques, rutinas y algo más. Para ir camino a tus brazos, el impulso de besarte nace de la nada; constantemente te visito en los días más grises. Escucho música, leo y escribo cartas, tus cartas, esas que me hacen recorrer el sur antes de regresar al norte.

TU AROMA

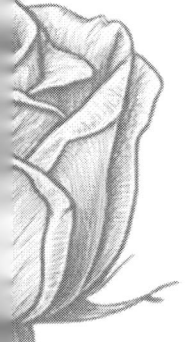

En alguna parte de la primavera habita tu sonrisa.

Sin premisas, en alguna playa, permanecen tus piernas y tu redención.

Es probable que, en el otoño, al compás de la brisa, tu voz me diga algo... Son inmutables tus labios en el invierno; es imperecedero tu aroma a mitad de la nieve.

FUE CUANDO TE VI

Fue cuando te vi...

Ese fue el momento en el que Dios tuvo un significado.

Así de perfecta, no podría existir nadie más sin esperanza de un paraíso.

Descubrí tu sonrisa, tus cabellos y andares, ese aroma tan traumático y sensitivo que enamora al pasar, y poco a poco hechiza con la mirada, mientras se van enterrando en mi corazón los raciocinios y los malgastos del tiempo.

Entonces, es así, cuando estoy contigo, que tengo un motivo que respondería a tu cuerpo y alma conforme pasan los días, y me voy acercando estremecidamente al resto de venas y arterias que me enamoran de tu piel.

ANTES QUE SEPARARNOS

Promesa: que te quedes... no te vayas.

Somos dos.

Estamos en medio del caos, soportando eso que quizás el resto llama estupidez.

Confieso que eres el mejor de mis defectos, porque el único incrédulo en el fracaso he sido yo... ese que ahora mismo te promete besarte indefinidamente, sin temor al comentario y al perjuicio de aquellos que no se imaginan ni por un instante que tú y yo preferimos el infierno antes que separarnos.

ALGUNAS RAZONES

SIN TRUEQUE

Lo explico de la manera más concisa...

Te amo.

Es una breve frase que no tiene trueques; no se la podría negociar a la muerte ni a las mentiras.

Tan solo podría cerrar los ojos y despegarme del resto del mundo al besarte.

Tan despacio, tan lento, que quizás el tiempo desnude mis complejos, dejando mis sentidos en tus abrazos.

LO SENSUAL DE SUS PIERNAS

Tan sutil... espléndidamente atractiva. Suavemente, fue encadenando sus movimientos a mis pensamientos más allá de un simple ritmo. Latiendo, permanecía en la cercanía de las palabras. Ella, con su dulce cadera, palmeaba mi atención: fuerte atracción, débil paladar y una resequedad en las manos tan impresionante por lo sensual de sus piernas.

CASI NOVIOS

Francamente, me siento parte de tu cuerpo; me encanta estar sobre tu piel. Pudiera ser uno de tus lunares sin ningún tipo de problema. Me gustas tanto que siento tus suspiros tan míos, como mi piel tan tuya. Al amanecer, despierto porque sé que estás a mi lado, mirándote; tan solo escucharte en mi pecho, besar tus cabellos dorados y únicos me sujeta de por vida a tu mirada, a tus labios y, sobre todo, a tu alma.

No empezamos bien; vamos avanzando. Te he comenzado a necesitar. Siempre eres lo primero que escucho cuando todo se queda en silencio, cuando todo se queda a oscuras. Eres mi primera luz.

SEDUCCIÓN

Una tormenta de imágenes anunció mi temor; era casi una fantasía que ella estuviera presente, un temblor con truenos que retumbaba en mis párpados.

Se había convertido en algo tan imposible que, en los espavientos de las cortinas, mi nombre se perdía en un cielo sin lluvia. Su amor se ocultaba como las estrellas en la madrugada. La esperanza de liberarme de sus ojos aún se mantenía a plena costilla durante todas las horas, persistiendo en el dilema de dejarla o perderme junto a ellos.

Pero su seductora manera de mandarme al infierno despertaba todos mis demonios, hasta dejarlos heridos.

MELODÍA

En esta noche, las estrellas me susurran tu nombre; entre seis cuerdas, iré tocando tus letras:
do, re, mi, fa...

Una a una, me van dando notas, ganas de verte.

Tinta a tinta...

Cuelgo en el pentagrama nocturno la voz de la luna que me trae tu sonrisa.

Tu amor es tan real como ese perfecto momento en el que sentimos vivir, inconfundible.

Solo me siento enamorado cuando tus sonidos me sugieren inspiraciones.

Tranquilo, estoy tranquilo... porque llegas, cautivas y, fluidamente con los tonos, mis dedos son títeres de tus besos; mis melodías tienen la forma de tu boca, melodía tras melodía.

Y solo cuando estoy solo, este pulgar que parece una llave abre y encierra lo que solo tú provocas cuando haces una nota de sol, que produce un muy ligero y grave golpe en mi guitarra, que se sonríe.

DOS: todo de ti.

Tu boca, tus ojos, tu seducción al sonreír, tus ideas de fortaleza y esperanza, todo de ti; todas las cosas que no detallas, todas las veces que también te veo dormir, como si fuera la primera.

DISCÍPULO DEL CARIÑO

Entonces te descubro nuevamente, siempre que beso tus labios.

Voy así, con los pinceles, matizando los días en los que tus dorados cabellos me transformaron en un elocuente discípulo del cariño; tan bella como el sol, tan eterna como la primavera de las mariposas.

UN DILEMA

Ninguna respuesta tiene sentido entonces... Conoces tus errores, los admites; pierdes los sentidos y el norte cuando estás sin los besos de aquella por quien has muerto y regresado a la vida.

Te sientas e intentas respirar después de hundir la cabeza en la bañera, entre los restos de fotografías y en un silencio tenue, casi indescriptible, que se mantiene en los oídos a medida que avanza la noche y la locura aumenta. Tomas todas las derrotas y las acumulas en un dilema entre llamar o esperar a que se haga día.

No dices nada; te mantienes nuevamente en el mismo monólogo de hace un mes y medio. Lo intentas repetidas veces mientras estás a punto de presionar el botón de apagado.

AMBULANTES DEL AMOR

Es así como caes... Piensas en las cosas correctas, omites la delicadeza de las razones que devoran los perjuicios.

Así andamos casi siempre, inventando causas, dándole gusto a todo, pero no a todos; negociando un abrazo y resucitando todas las promesas en el armario, hasta el final de cuanto nos convierte en locos ambulantes del amor, de un paraíso que no tiene más fronteras que la de amarnos.

DIMELO NUEVAMENTE

Dímelo nuevamente, siempre que no sueltes mi mano; grítalo detrás de mis oídos, avanza suavemente por mis demencias y repite, sin ninguna duda, la ocurrencia más novedosa de tus faldas. Detente un poco en el tiempo, respira otra vez junto a mis besos, y pronúncialo otra vez: TE...

ENTREGARTE MI CORAZÓN

De nuevo llueve.

Mienten las estrellas que me prometieron permanecer siempre en la oscuridad.

Grito tu nombre a mitad de la lluvia.

Me enamoro nuevamente de tus ojos y repito el mismo ritual de abrazarte, minutos antes de entregarte mi corazón, conforme el cielo se declara en total libertad de los truenos, perjurios y demás lamentos.

Entonces veo tu nombre; en el firmamento, la luz es más clara. Te prometo, en un beso, este sentimiento que me fricciona en las tripas. Te amo, sencillamente te entrego todo lo que queda de mí, lo único que probablemente permanezca en tu cuerpo después de que el recuerdo nos carcoma en las desoladas noches sin luna.

IMPULSOS

Entonces, sin ti, todos los impulsos duelen.

Ninguna necesidad se hace más exigente que la de escucharte decir: 'Quédate, no te vayas, abrázame y continúa mirándome'.

EN TUS UÑAS SOY PERPETUO

Nadie lo ha descubierto aún... esta manera de quererte.

Pertenezco solo a tus miradas; en tus uñas soy perpetuo, me multiplico en tu espalda como la meningitis en los cerebros.

Mándame al infierno si mis demonios no son lo suficientemente poderosos para enloquecerte.

Amo tu ombligo como la larva a los charcos.

Solo, en silencio, pienso en ti después de hacerte el amor en las esquinas de mi morbo.

Perturbado, soy incapaz de abandonar tu ombligo.

Dime... ¿Quién puede hacer visible tu nombre en la oscuridad de la desolación, si no son mis manos que te acarician mientras la distancia es una engañosa cumbre que nos invade el alma?

EN EL ANDAR DE TU ESPALDA

Entonces...

Suspiro, recostado en tu pecho, aislado del mundo, cerca de la magia; miro tus labios, peco, continuo, infinito y demencialmente hacemos con el instinto lo que la lluvia hace con el calor.

En tu piel, otro suspiro más... otra negación. Sin duda, los temores al verte así mueren, se desvanecen, permanecen en silencio.

Tú, tan natural, tan desnuda, no dejas de ser atractiva.

Duermo y nuevamente muero en el andar de tu espalda.

Bésame y cree; peca en mis suspiros, que te admiran como el torero a la muerte y el toro a la libertad.

ALGUNAS RAZONES

DE UNA MANERA MARAVILLOSA

Detrás de las estrellas encuentro tu nombre al abrir mi alma. Llegas, pletóricamente enamoras mis enojos, te conviertes en todas las sensaciones que me condenan a mentirle a todos para escapar del mundo y llegar hasta tus labios. Cómodamente, en tus brazos me recuesto; te beso, te observo, y de una manera maravillosa, caes del cielo como la lluvia. Entonces cierro los ojos y me besas. Despierto junto a tus temores, y la mañana se alarga... Nos olvidamos del resto del día; de nuevo me besas la nariz, y siguen siendo las 3, las 4 de la madrugada.

También sueño contigo estando a tu lado.

UNIDOS

Ahora estamos los dos, atados a un beso que no nos deja escapar, entrelazados en las sábanas que nos internan en el amor. Somos perpetuos del cuerpo y del alma, que se niegan al abandono de tanto sentir... Es tan exigente permanecer a tu lado.

Eres cada perfume, brillo y eternidad imperecedera que, en la mente de los soñadores, se mantiene viva. Después de que, en una noche despejada de luces y bullicio, se desnudara la galaxia entera, en nuestro interior retornaron las ganas de permanecer siempre así: volátiles, corrosivos y, sobre todo, unidos en medio del desastre.

NADIE COMO TÚ

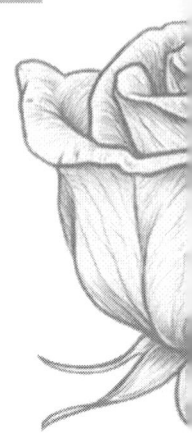

Porque ningún otro cielo tiene tu inmensidad, porque ningún otro océano me hace respirar tan profundamente, porque nadie como tú fue capaz de entregarme las llaves del paraíso desde el infierno.

MUTUA NECESIDAD

Era tan improbable que le alejaran de ella, como a las nubes del cielo en pleno verano.

Sus dedos se entrelazaban conforme sus miradas crecían en sus interiores; fue entonces cuando se conocieron un poco más. Tenían la mutua necesidad de rescatarse de ese pasado que solo causaba dolor con el recuerdo.

TE LO PROMETO

Entonces te lo prometo... que todas las estrellas tendrán tu nombre, que ninguna otra pasión desordenará mi corazón. Vivo en ti, siempre lo he dicho, nunca lo he dejado de hacer. Es indescriptible: renazco, resucito cada vez que me miras y, sin preguntármelo, me besas, abrazas y me dices muy cerca de los labios que estarás conmigo a pesar de las palabras, de cualquier incordio, de ese desolado currículum de noches enteras y sitios distintos, donde nos perseguía la luna al mismo tiempo, mientras nos pensábamos cerrando los ojos, en el instante en que sonaba la canción más horrible.

MORDÁMONOS

Mordámonos en la madrugada, cuando todo esté en silencio, cuando se nos ocurra la mínima caricia, en el tic-tac del reloj, en todas partes... cuando el cielo se abra y desde el infierno griten:

¡Paren!

Besémonos más allá de cualquier cuestión, después de cualquier accidente...

Gracias, pecado.

TODAS LAS SUMAS

Nuestras razones más incoherentes se sumaron hasta el resumen dado como locura total, sin ningún engaño. Con toda formalidad inexistente en nuestros cuerpos, acabamos con el sonido, derrumbamos ese perjuicio tonto de no vestirnos. Desnudos encontramos todas las sumas, lo inversamente proporcional a las palabras de aquellos que nos llamaron dementes.

En todo caso, mi desnudez no fue un secreto y tu fluida persuasión me dieron la real y única razón de siempre amarte contra cualquier circunstancia, contra cualquier loco que se crea psiquiatra.

LO MARAVILLOSO QUE ES BESARTE

Sin embargo, el cielo comenzó a tener esa gracia de hacerme recordar lo maravilloso que es besarte, porque nunca jamás sentí tan cercano el latir de la luna, el despertar del sol y la luminosidad que posee tu sonrisa, aquellas estrellas que alumbran mi mañana..

MAS QUE LA PALABRA

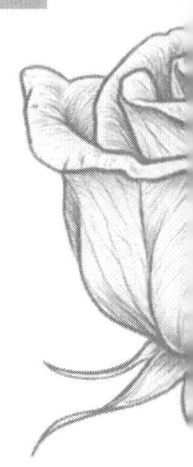

Siempre hacíamos lo que queríamos, debíamos y, más que todo, lo que jamás nos restringimos a dejar pasar. Siempre éramos más que la palabra; el acto era todo lo que la muerte nunca nos quitó.

NOS HACEMOS UNO

Lo bueno de todo es... que nada nos hizo perfectos, cada uno asumió su derecho a ser distinto, a tener una debilidad que en el otro era bella y prohibidamente atractiva sin ningún complemento. Cerramos los ojos y, solamente en silencio, sin perder ningún detalle en el latido, nos fuimos deshaciendo de todo lo que nos hacía daño, de todo lo vano; nos hicimos seres vivos, y a través de los besos comenzamos a sentir, a darnos cuenta de que la perfección, sin cuestiones diarias, se va creando con un detalle que puede parecer básico, pero tan inconfundible como la protección de nuestro amor en el instante en que nos hacemos uno.

ALGUNAS RAZONES

ELLA SIEMPRE CAUSA UN PRINCIPIO

A ella le debo los finales.

Naturalmente, permanece plantada en mis deseos al abrir y cerrar los ojos, como el olmo más antiguo y fuerte. Diría que ella lo tiene todo...

Físicamente, me hechiza locamente con esa mirada y esos labios de fresa y nata; espiritualmente, siempre me hace regresar de cualquier lugar o infierno.

De ninguna manera ella se termina; cuando todo acaba y parece hundirse el mundo, ella siempre me causa un principio.

ESA RAZON

En silencio guardo aquella razón para quererte y morderte los labios.

Probablemente sea la única razón acertada.

Quizás no tenga esperanza alguna de mantener la compostura si estás a centímetros de mí, probablemente tenga el descaro de fingir orgullo, pero aquella razón... sencillamente aniquila cualquier perjuicio tonto.

No tengo ni idea de cómo comencé a amarte.

Para ser más claro, no tengo ni la más remota idea de cómo seducir a la muerte y escapar de ti.

BESTIAS

Una bestia sin forma, gélida y extraña a mi piel, potente como un tornado, pero destructible, capaz de discernir mis intenciones y secretos, con su bestial manera de luchar por una libertad que en pocas horas puede ser un pleno fracaso si cierro los ojos y cuento, despacio, uno, dos...

Dos astas traían su corazón que en la mano vivió tres torturas al despedirse de sus ojos, que se caían junto a su lengua vomitando su espíritu.

Estamos aquí, sobre este papel que se mancha porque somos la tinta de una historia que algún dios pretende terminar.

Un ser rodeado de bestias que se transformaron en vivas apariencias de amistad y fraternidad.

Si nuestras bestias estuvieran conscientes nos llamarían animales, irracionales y, sobre todo, inferiores.

Si aprendemos a amar es porque no somos mecánicos, somos parte de un buen capítulo titulado como "esperanza".

Destrozamos el mundo a plena luz del día, hacemos la sangre evidente y alimentamos a los ojos con el virus de la normalidad y la liberación de tabúes.

Llenamos el corazón de raciocinios y beneficios propios, es nuestra pérdida por el amor propio, no sabemos amarnos y engañamos al resto de nuestro cuerpo cargándolo de actos que en arenas sangrantes son humillantes para nuestra propia mano maestra.

No es nuestro dios quien posee el poder de tacharnos, somos un solo papel que se mancha porque somos la tinta.

Si renace la capacidad del perdón antes de matar a nuestra piadosa bestia, seremos esa arma balurde que se convertirá en creadora de una belleza tan suprema que engrandecerá el instinto de tener un lugar en la historia de otro ser.

ALGUNAS RAZONES

POBRE INFIERNO

¡Que se pudran mis demonios junto a esta carne, si hoy no te hago mía!

Que entierren mis pies en el Hades si no mato por ti.

Que se coman mis uñas las agujas si en tus ojos no respiro.

Que me destierren del paraíso si otro toca tu cuerpo; cuerpo en el que quiero diluirme cuando tu piel se humedezca.

Que se nutran los condenados con mi cuello si a tus labios no devoro, si pretenden quitarme de ti, mi paraíso.

¡Que se ahogue Satanás en los lamentos si tu voz no me despierta de lo vano!; si tu mirada no me saca de esta cruda tierra de fósiles hambrientos.

¡Que se haga primavera en el infierno!

Si no vuelvo a caminar sobre tu oreja, si con tan solo un beso no exploto el mundo o quebranto el universo.

Que me aprisionen con clavos bajo la llama eterna si en tu desnudez no ahogo las nubes y crucifico mi vida, porque mi edén e infierno es el mismo, si tu cuerpo es mío.

Desnudez que mata cualquier belleza vista y oculta, que me envenena y ambiciona de deseo, porque es en el único sitio donde se halla mi alma sepultada.

Así que pobre del diablo que en ese infierno solo obtendría mi cuerpo, un cartucho vacío, puesto que Dios ya ha estado de mi parte, otorgándome la oportunidad única y hermosa de sentirte ahora.

LA CÚSPIDE DE MIS SUEÑOS

Este éxtasis que fatiga toda timidez, que envenena toda dulzura y que pela todos mis huesos con una afilada lengua, cuando desde tu ombligo nace el sol eclipsándose en mis retinas.

Esa fascinación que me sumerge, erotismo, tentación y pecado donde me hundo y ahogo.

Es una magia tu sonrisa donde la luna brilla sin esfuerzo alguno o ayuda de la noche.

Ese impulso evidente que no hace más que doblegarme, sin duda alguna desintegra mi carne como un corrosivo, en tu piel los ríos inician a mojar mis muslos.

Ese sentido de lucha para amanecer despierto, eres tú, solo necesito sostener fuertemente mi piel en tu piel; hay una causa evidente que me hace un total loco, los trasnochos más abajo de tu mitad, precisamente desde tu cintura, al sur del deseo, observo tus pezones desde una cúspide que levanta mis sueños.

TRES: es necesario tu aroma, tu risa y demás encantos de felicidad.

Indiscutible, maravillosa e inigualable, tu alfabeto en los ojos, tu presagio, tu piel y tu fortuna.

TIENEN TU NOMBRE

ALGUNAS RAZONES

PLENAMENTE EN MÍ

Me ciego en tus labios, eres cada aroma, un destello de sabores que me enamora cada mañana. Siento tu piel y entonces vivo eternamente en las madrugadas.

Estás plenamente en mí.

Eres... siempre vives... jamás mueres... me condenas a tu paraíso, me liberas en tus ojos.

Eres indescriptible.

PERJURIO

Me hablas y el silencio se transforma en primavera; además del sonido, te llevas de mis oídos el corazón. Peco besándote porque en Dios no puedo creer si te miro y siento.

Mi avaricia crece y te amo a medida que el viento sopla.

Entonces, es un perjurio si no te hago el amor al lado del canto del gallo.

Vamos avanzando y nuestros dedos se hacen cinco.

Te juro por Dios que moriría otra vez en tus piernas.

ALGUNAS RAZONES

EL MAYOR DE LOS ERRORES

Diles entonces a todos los obstáculos que, después de tantos intentos, continúo con la misma intención tan extravagante de no dejarte, de morir antes, puesto que el mayor de los errores sería no enfrentarme a ellos.

FANTASTICA LA DICHA

Es una fantasía estar en ti, saber que ninguna otra luz puede ser más bendita.

Son aquellas miradas las que pronuncia el cielo en tu memoria, aquellas sonrisas siempre involuntarias, traídas por la luna y unas estrellas que hacen juego con tu belleza.

Es considerablemente fantástico que estés en el mundo, que seas así... tan bella y exquisita, tan eterna y sublime.

Es en realidad fantástica la dicha que el universo me otorga al poder mirarte y perderme de la única forma que el grito se pierde en la playa, desafiando el tiempo, omitiendo el mar, temiendo al fracaso, esperando tu respuesta...

ALGUNAS RAZONES

ETERNAS PROMESAS

Invocó su amor en la misma madrugada...

Aquella inquieta y esperada sorpresa que llevaba años esperando, después de que ella se marchara, valió la pena. Esperar ese momento, ese eterno instante en donde volvieron a estar tan juntos.

Sus almas estaban felices, relucían en el despertar del día. Todos aquellos tropiezos del camino sirvieron para seguirse amando, sin el desperdicio de ningún fragmento. Completaron sus eternas promesas de sonreír a la muerte, de morirse de amor por las intensas noches y días en las que no estaban unidos al diario vivir.

ETERNO SUEÑO

Nadie pudo comprender el porqué... Convocando la memorable escena de Romeo y Julieta, jamás se apartó de su cuerpo, murió junto a ella...

Sin dudarlo un segundo, la siguió en su eterno sueño. Incapaces de regresar, decidieron estar juntos, en cualquier parte de la existencia, lejanos de cualquier otra idea relacionada con la realidad.

ALGUNAS RAZONES

COMO EL SOL LO HACE EN EL MAR

La independencia de este sentimiento igual nos hace presos de este amor... Gritas y te hundes en mí, como el sol lo hace en el mar...

Prohibida manera de tachar el cielo...

DOLOR

El dolor hizo de su rostro una tragedia ambulante, su corazón sosegado de recuerdos cayó en el propio abismo donde el tiempo parecía ser lento y cruel. Todo se nubló en sus ojos llenos de aquella tristeza que no dejaba de extraer la fuerza de su amor, que perduraría por toda una eternidad, después de las cenizas que las llamas del olvido pretendían alejarla de sus labios.

Todo se quedó en silencio, su llanto era simplemente el suplicio de la melodía más triste que, ante la llovizna, la expectación de las flores fúnebres descubrió, porque el dolor de no tenerle, abrazarle y escucharle pudo más que la fe.

ESTAMOS ATADOS

Es que nos amamos tantas veces, en tantos fracasos, que después de tantas canas solo se nos ocurre mirarnos y recordar que todo ha valido la pena, porque estamos atados al mismo nudo que nos arrastra a la muerte.

GRACIAS A TI

De pronto descubrí, mirándote fijamente, que besarte era realmente una necesidad tan urgente como la de respirar y saber que estoy vivo... pero gracias a ti.

ESPERANDO UN FIN

Y después de tanto tiempo, cuando ya casi las campanas dejaban de danzar, se dieron cuenta de que la muerte era el vínculo más cercano a la vida... No dejaron de abrazarse... Se amaban esperando un fin que posiblemente es efecto de su propia decisión.

ENTRE TÚ Y YO

Las palabras regresan... tu voz se hace más punzante.

Te amo... era tu frase favorita.

Ninguna de esas letras ha vuelto, pero se repiten junto al vino que da vueltas en mi cabeza.

Ahora... quién lo sabrá... será un secreto entre tú y yo. Ambos hacíamos el amor.

ALGUNAS RAZONES

¿QUIEN PUEDE TENER TUS LABIOS?

Es mentira... De nuevo peleo contra la sociedad y todos los demonios.

Te alejas.

Me dejas atrás aun sabiendo que te amo.

Dices que es mejor que cada uno esté en direcciones distintas.

¿Quién será así... como tú?

¿Quién puede tener tus labios?

UNA PROMESA

Quizás existe una promesa... no son tus tatuajes.

Es ese presente que me provoca decirte a los labios que tu piel me encanta después del malestar de la vida.

Sabes una cosa... sigues en mi reloj.

Tu sonrisa me hace esto... estar siempre a la espera de que te pronuncies.

Es así como nunca falleces de mi corazón.

Porque de alguna manera inconsciente te he creado perfecta debido a una promesa que quizás no recuerdes ahora.

ALGUNAS RAZONES

SOY DE TUS LABIOS

Voy a ser franco... En realidad no puedo disimularlo más, amo tu boca, siempre he viajado en ella.

No cabe duda de que tus labios son el paraíso. Me condenas a amarte en constancia y consecuencia de todo.

No quiero despertar de nada, quiero morir detrás de tu sonrisa... Tu boca es un placer, es una fuente de juventud, nunca envejece, me enamora, lo repito... la amo. Adoro las noches en que te beso.

Soy valiente porque sé muy bien que puedo acabar como cualquier cadáver en las alcantarillas.

Soy de tus labios, pertenezco a tus sonrisas, no quiero libertad, quiero besarte constantemente. Dime... ¿A quién pertenece el universo?

¿De dónde sacas tantas aventuras para mis inquietas locuras?

NINGUNA OTRA ROSA

Sin embargo, siempre apostaste por mí.

Mis temores tan solo te impulsaron a quererme aún más.

Aunque tu duda siempre fue la de saber si te amaba, llegaste hasta el final e incluso no terminaste de convencerte de que el mundo es un caos si no estamos en medio del delirio de las sábanas.

Bajo la protección del amor, te prometo que mi corazón se recompuso de los quebrantos gracias a tu manera de sonreír.

Gracias una vez más a tus labios.

De nuevo regreso a las cartas y te vuelvo a prometer que pienso en ti, aunque las mañanas no lleven mi nombre, a pesar de las palabras, y corrijo los poemas sobre tu espalda; mientras ninguna otra rosa tiene esa capacidad de cubrirme con sus espinas.

ALGUNAS RAZONES

¿EN QUÉ INFIERNO HABLARÉ DEL ENCANTO DE TUS ALAS?

Aquí tienes el texto corregido:

Y me pregunto constantemente, mientras alucino entre cenizas, ¿en qué infierno hablaré del encanto de tus alas?

Llegas así tan de repente y las quejas del gallo se ahuyentan con tus gemidos, y destierro mi cuerpo de todos los principios morales y las desgracias del amor.

A ratos malgasto un pensamiento que te lleva un beso susurrado al oído, porque a veces los suspiros no son suficientes cuando toco tu piel, y voy recitando el éxtasis de mi enfado al reducirme en ti.

Entonces, vives en cada encendedor.

Me vuelves a mirar mientras pasa el tiempo. La hora nos hace complejos esperando las 13:00 y las 2:00 del día y la madrugada. Entonces, te vas...

EN NINGUN OTRO LUGAR

Gracias a Dios tengo ese privilegio de verte sonreír, de enamorarme de tu sonrisa después de las quejas; así hacemos el amor mientras nos miramos.

Así pretendo dormir y despertar... siempre existe el universo, siempre estás tú.

Entonces, que todo sea, que nada falte, que me sonrías al besarnos y al recordar que en ningún otro lugar el mundo se hace perfecto.

HAZME ETERNO

Si todo se termina aquí, hazme eterno en una de tus miradas. No me interrogues, no preguntes nada que ya lo tengo claro, pero no ignores este lento abrazo. Entiende mi energía, es una verdad inconsciente que me hace permanecer un poco más, aferrado a tus respiros, a una interminable batalla en mi interior, que no permite otra manera de entenderlo. Por si acaso... por si se acaba el mundo, hagamos de este momento algo válido, incurable, condenado a no olvidarlo. Siempre vale la pena una de tus sonrisas, una mínima parte de tu alegría.

CUATRO: te pienso, echarte de menos también hace parte del proceso.

Entonces escribir, desahogarme con las canciones a las que nunca presté atención, esas que describen quizás el nudo en las entrañas y el desaire al pronunciarte; entonces cantar, palpitar, sentir y percibir lo alguna vez escrito y ser otro o aquel que mantuve siempre oculto por temor.

SUENAS POR TODOS LOS SILENCIOS

Suenas en todos los silencios; son propias de tu cuerpo las sonatas de la seducción. Antes de llegar a la lluvia, traes tus besos al amanecer; eres la única composición capaz de alegrarlo todo.

Suenas por todos los silencios... amaneces por todos los rincones, sonríes en todos los recuerdos, permaneces tan eterna como la gloriosa fe.

UNA CARTA PARA HACERTE ETERNA

A medida que se alejaba del horizonte, todo parecía volverse minúsculo. La perspectiva era totalmente ridícula; su corazón crecía, su impulso por amarla, su insistencia en no permitir que le alejaran de sus labios, la pasión por su piel y aún más··· Cada locura transitoria se acentuaba en su pecho, desvinculando su cuerpo de la razón.

Sin importarle nada, se lanzó, cayendo en el barro y estropeando toda su vestimenta, con una rapadura en la rodilla, cojo, absolutamente ciego por todo motivo razonable. No le importó en realidad nada··· Llegó a su puerta y...

PENSAR EN ELLA

Pensar en ella es...

Aullar a la luna ignorando al búho que espera en solitario el sueño; y, después del quinto revoloteo de cualquier ninfa, en la mortal luz de cualquier esquina, remojarme en las lágrimas del cielo que claman a Dios, y continuar en la intensa búsqueda de sus palabras, aquellas que me rompen y reconstruyen a medida que el reloj se cuestiona el hecho de por qué continúo sin pegar ojo.

EL UNICO DESEO DE AMAR

¿Qué es el amor?...

La necesidad de tocarte... amarte es realmente el valor que la vida merece.

Siendo sincera a lo que sentía, apagó la luz y le besó despacio, sin esperas del reloj, sin perjuicios, tiempo... despacio, en silencio y con el pleno deseo de que su amor fuese correspondido como en los sueños; la realidad se convierte en necesidad, y la necesidad en el único deseo de amar...

DESPUES

Después de que te marchaste, comencé a buscar tus besos en todas las palabras dentro de las cartas... al cabo de varios meses y pensamientos, te fuiste convirtiendo en otro esperado déjà vu.

ERES ESE SECRETO

Y entonces comencé a comprender que, después de varias noches, antes de conocerte, eras tú... aquella maravilla que en mis sueños permanecía como ese secreto que el destino se callaba, pero que se liberó luego del primer beso, antes de mirarte fijamente y después de haber caído en el capricho irremediable de no permitir que te marcharas jamás de mis ojos. Compuse en tus labios aquella poesía que todas mis mañanas intento declamar en tu piel, antes de que el gallo y los perros molesten.

TE HABÍAS MARCHADO

Mi mirada fija en el reloj; siempre sus manecillas pasaban por los mismos puntos. Descubrí aquella verdad tan inconfundible que era la de esperar tu amor.

Te pensaba con toda voluntad y sin ninguna valentía para enfrentar esa desolación que me esperaba al descubrir que te habías marchado, como casi siempre el día lo hace, como la manera más tierna en que el reloj consiente la potestad del tiempo.

VENENO

Estoy en ese morado veneno, rezando por mantener mi corazón fuera de venganzas, liberándome de todos mis rencores y otros estados inesperados.

No pondré en entredicho ninguna de tus razones, tan solo comprenderé que las mariposas necesitan del viento.

Tampoco es necesario... no pido que escuches o leas otro de mis caprichos que se expresan.

Alguna vez te lo dije...

Los venenos también sirven para protegerse de otras bestias.

ALGUNAS RAZONES

TE DEMOSTRARIA

Te demostraría de todas las maneras lo que siento... junto a ti es todo más especial.

Ninguna de mis pasiones es auténtica sin tu mirada.

Hay momentos en los que el tiempo se enloquece y me equivoco de estación.

Sabes... tengo siempre presentes tus ganas de venir y reír a mi lado, siempre que llamabas e intentabas de alguna manera que no me diera cuenta de que necesitabas de mí.

Te demostraría ahora mismo que todo es cierto.

Que nada me guardo porque tus labios descubren todas las plegarias que me hacen amarte de esta forma inexplicable e interminable.

Te adoro, aunque todos los argumentos estén en contra de que regrese a ti.

NO TE MARCHES

Espera... no te marches, aún queda en mí alguna arteria y tiras de piel.

Siento mucho esa tragedia que desencantó tu rostro; sabes que no dejas de invadirme el corazón que ya no tengo.

De cierta manera no he vuelto a mirarte a los ojos, y es por ese miedo a que termines de enterrarme en ellos.

Anoche no fue fácil regresar a la angustia; se fueron acercando, sin pudor alguno, las incomprensibles sombras que hacían parte de los dos.

¿Qué...?

Nada es de esperar, pero llega. ¿Y tú...?

ALGUNAS RAZONES

DILES

Diles que les faltó el detalle de distinguir de alguna manera que la observación va más allá... la impresión simplemente es una casualidad que se acerca a la duda.

No supondré que comprendas que mis locuras tienen un punto de origen y de encuentro en mi soledad antes de que llegaras y después de ti.

Puede que esa sea la mejor postura que adoptes, mientras yo mantengo en pie todo, aunque lo más parecido al fracaso dictamine que no sirvieron de nada mis palabras, que a pesar de ello... fueron las mismas que me liberaron del caos de morir ardiendo por dentro y en medio de todos los que condenaron mi pasión por tus labios y clítoris.

Te diré gracias y mantendré la compostura ante lo que hoy llamas "verdaderos motivos".

ESTAS EN MI CUERPO

Mientras camino, pienso en ti. Me quemo los labios con el único cigarro que me queda. Estoy a la espera de tus palabras. Sigo así... vacío, sin ti.

Sin mi mejor amuleto para que la vida sea mejor.

Te amo.

No puedo dejarte. Estás en mi cuerpo como un cáncer en los enfermos, que se multiplica.

Dime que también me amas, que eres mía, que no te importa nada si estás a mi lado.

TE NECESITO

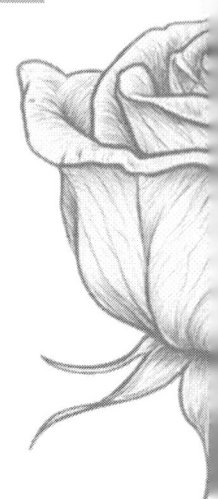

No quiero que te marches... te necesito.

Eres necesaria.

Quién diría que no podría vivir sin ti.

¿Qué es la muerte si no me esperas detrás del telón del olvido?

Eres un eco siempre presente.

AMOR DURANTE EL DILEMA

Todos murieron... Asesiné con ayuda del café los párrafos. Algún título quizás quedó con un diminuto signo vital, pero pereció antes de terminar la noche.

Los gritos tocaron el fondo del alma y se fueron enterrando en el ombligo.

Amor durante el dilema, qué tragedia aquella que enloqueció a un elocuente latir.

Todos fueron torturados: ideas, aromas y memorias.

Dejaste de existir.

Tiré el lápiz a la hoguera en medio de la playa.

NO TE CONFIESO NADA

Hay ocasiones en las que estás en mis pensamientos.

No te confieso nada porque es inevitable regresar al pasado.

¿Qué presente es? La ocasión parece estar en una esquina repentina al lado del sofá.

Eres un futuro de imprevistos monólogos y proverbios de despechos aún ausentes.

¡QUÉDATE!

Tengo ese defecto que quizás amas y no lo sabes aún.

No imaginas el poder que tienes para destronar cualquier amargura que se apodere de mí.

Me basta con una de tus miradas... esas tan sensuales que me llevan a decirte al oído...

¡Quédate!

ALGUNAS RAZONES

ESE POEMA

Ese poema... tus ojos.

Las palabras siguen faltando para expresarlo... un no sé qué.

Un mágico asunto que causa el desalojo de mi alma, que acude a ti.

Mis sonrisas pertenecen a ellos, a ti.

¿Quién lo pensaría?

¿Quién lo ha escrito?

¿Cómo es posible que no encuentre la manera de liberarme de su encanto?

NADIE RESPONDE A MI SONIDO

De golpe fueron cayendo todas aquellas ilusiones que recomponían el corazón. No había nadie que escuchara mi llanto; todos escaparon en el peor de mis momentos. Es probable que se resucite, pero aun así es necesario morir sin dudarlo.

No hay ninguna pena que sea posible ahogar. ¿Quién entonces diría a Dios que he sido objeto de su mentira más creativa?

Ni maestra y mucho menos perfecta, estoy atado a mis impurezas. En el llanto existe un suplicio atroz; nadie responde a mi sonido de temor. Me desconsuelo y voy en búsqueda de algunas mariposas que causen más dolor.

ALGUNAS RAZONES

LO INTENTARIA

Yo lo intentaría por ti... me negaría a Dios, a las verdades de las matemáticas y a todos los razonamientos de la filosofía; enloquecidamente lo diría, odiaría a los proverbios y me quemaría junto a tus sábanas... repetidas veces te amaría sin temerle a las consecuencias que aquello conlleve. Besaría tu ombligo incansable, sin marchitar ni un aroma y rezándote otra plegaria, conociendo el pecado de que una puerta sea abierta de par en par a uno de los infiernos de la blasfemia. Poco me importaría si para tu cuerpo mi alma tiene un espacio; lo divulgaría a gritos, y de manera profética, que eres la mejor de las materias, que ninguna ciencia está por encima de tus encantos.

Yo... permanecería constante, atento al tacto del que presumo al verte dormir.

Puedo permitirme ciertas demencias después de ti, contigo y entre todos.

EL ULTIMO RENGLON

Ocurrieron inigualables momentos donde algunos gestos expresaban todo nuestro sentir.

Llegaron al tejado las mejores fases de la luna con el último suspiro de agosto.

Me sentí amado por tu voz elocuente, vivo y lleno de magia.

Se alejaron los malos presagios cuando volviste a sonreír al besarme. Ocurrió que te amé profundamente, que nunca quise escribir el último renglón de aquel poema donde enterré tu amor y quemé tus cartas.

ALGUNAS RAZONES

ESTAS LEJOS

Ya que hoy te marchas, mañana mi corazón te espera.

Sé que es en vano esperarte, pero, sin importar que el desesperante sol maltrate mi frente, sentado en tu puerta esperaré.

Pasará la mañana y posiblemente el día. Sumergido en el ocaso, mis pensamientos se oscurecen, y se hace noche en el recuerdo, y tú continúas allí...

Te miro y tu distancia se enorgullece. ¿Por qué estoy lejos? No lo sé, la verdad no lo sé. Ahora me veo como un viejo reflejo, lejano y amargo de tu tiempo.

Allá estás, lejos de mí, pensando en lo cruel que puedo ser, granulando tu corazón. Tu amor ya es un molino de viento que pasa de todo, arrastrando una soledad aprisionada.

Allí, lejos de todo lo que puede hacerte daño, de lo que rompió tu corazón y decapitó tu amor con una piedra de falsedad, marcada como el engaño.

Sí, quiero buscarte, tenerte en frente, para que, en mis ojos, mires el cuarto menguante de la verdad; tal vez, una verdad antigua que en este presente ignoras o niegas aceptar, una única verdad que impide cualquier motivo a dejarte ir, de estar tan lejos de mí, de cada uno de mis besos.

Mi boca en tu boca tiene la necesidad de marchitar tu inseguridad.

Sé que no lo sabes... estás tan cerca de mí, sé que no imaginas estar lejos de mí; solo espero que lo sepas, amor. Yo soy tuyo, porque tú eres tú, veo en tus ojos posibles sueños, y precisamente me refiero al de amarnos.

Estás lejos de mí y, aun así, te marchas. Tus razones son las correctas y mi verdad la de insistir.

Un poco incomprendida, pero, con uniforme certeza marcada con un sello de maldad; pero, inocente al paso.

ALGUNAS RAZONES

LEJOS DEL OLVIDO

Lejana, de tus sueños, de tu deleite, de una de las razones por las cuales deseas morir; lejana de mí, estás.

Lejana de mis sueños, de mis muslos, de mi nariz, de mis suspiros donde besé tus cabellos, tu piel, de mi locura donde te hacía el amor; lejana de mí, estás.

Lejana, cada vez más cerca de mis pesadillas, donde mis miedos se nutren de la carroña de tus sombras, donde mis costillas tienen ojeras, donde mi rabia pide clemencia.

Lejana, donde mi corazón, abrumado de tristeza, que habla como un loco, como un sabio, como un iluso, narra, describe con latidos fuertes las heroicas aventuras de tus labios y los míos, de tu piel sobre mí, de mi ombligo sobre el tuyo y de mi alma dentro de ti; lejana de mí, estás.

Lejana, de la rapidez de mis dedos, de la contradicción de tus pezones y la hipnotizadora profundidad de tu mirada; lejana de mí, estás.

Lejana de mi espacio, pero no de mi ser; y ya lo sé, amor mío, que al igual que yo, somos lo que sentimos, comemos, bebemos, lloramos, lo que soñamos. Y aunque lejana y lejano estamos, tú y yo sabemos que

siempre en estos espacios fúnebres y atropelladores de locuras, sin dudarlo un segundo, un pestañeo o una vida, siempre, mi amor, estaremos lejanos del olvido.

ALGUNAS RAZONES

DESPEDIDA SIN DESTINO

Con el paso atropellando mis deseos, caminaré, y con la distancia que será mi fuerza voy a decir que nunca te he visto. Me negaré ante todo impulso que me haga caer en tus vacías palabras.

Tendré la voluntad para soportar los declives de tus espacios carentes de amor.

Voy a sostener mis pasos para no dar la vuelta, te daré la espalda, te dejaré en el camino para que no veas mis aguados ojos.

Olvidarte será mi reto más dudoso.

Me alejaré de este desierto de felicidades imaginadas; caeré en el camino, y moriré siendo un mendigo. Tal vez llevaré mi corazón a su desdicha, me pudriré lejos de ti, y de tu sonrisa que engatusa.

Pero en el absurdo pasar del tiempo, estos pensamientos que hoy expreso, en esta marcha acelerada, serán, sin dudarlo, mi tumba.

Te amo.

Tu Opinión es Importante para Nosotros

En nuestra constante búsqueda por ofrecer una experiencia de lectura enriquecedora, valoramos enormemente tus impresiones y comentarios.

Tu punto de vista como lector es esencial para el desarrollo y mejora de futuras ediciones de esta obra, así como de próximos títulos que planeamos autoeditar. Por ello, tu opinión o sugerencia es vital para nosotros.

Con el mayor respeto, te invitamos a compartir tu experiencia. Si ha sido positiva y satisfactoria, te agradeceríamos enormemente que dejaras una reseña, con la puntuación que tu consideres apropiada. Tambien puedes añadir imagenes o videos.
En caso de que la experiencia no haya cumplido con tus expectativas, de antemano me disculpo y por favor, envíanos tus sugerencias al correo electrónico:
andressepul29@hotmail.com.

Tu participación es clave en nuestro esfuerzo por mejorar y seguir creando contenido que resuene contigo y con la comunidad de lectores.

Escribe tu comentario:

Made in the USA
Columbia, SC
26 October 2024

49c24a13-c65e-44be-b1ad-98aa429d1a13R01